AF313872

RÉVOLUTION

DE

L'ART ÉQUESTRE

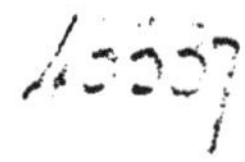

RÉVOLUTION

DE

L'ART ÉQUESTRE

PAR

M. LACOUR, Francisque

Écuyer
Sous-Directeur de l'École de Dressage de Napoléon-Vendée

NAPOLÉON-VENDÉE

IMPRIMERIE DU COMMERCE, Vᵉ IVONNET

15, RUE LAFAYETTE, 15

—

1869

INTRODUCTION

Ne vous attendez pas, lecteurs, à me voir venir poser dans cet opuscule, des règles nouvelles ; mon but est seulement de prouver qu'une foule d'erreurs proviennent, dans l'art équestre, de l'enchaînement de fausses théories ou de méthodes, publiées par un grand nombre d'hommes qui se proclament écuyers, et commencent ainsi leurs ouvrages :

« Rien n'est plus facile que de mettre promptement en
« selle un jeune cavalier; pour cela, au lieu de le faire
« monter sans étriers, il suffit de lui donner une bonne
« selle, qui ne glisse pas, et des étriers, aussi courts qu'il
« le peut désirer. »

C'est à vous que je m'adresse, messieurs les amateurs et connaisseurs, que deviendra ce jeune élève qui n'a aucune notion du cheval, ni du maniement des rênes; et qui, jusqu'alors, ne s'est jamais confié aux allures du cheval, tant au pas qu'au trot et au galop? Ces écuyers eux-mêmes, que sont-ils? Assurément, à votre avis, et comme me l'a démontré une longue expérience, ce ne sont que d'incomplets cavaliers, qui n'ont certainement eux-mêmes, jamais mis un jeune homme en selle, et, qui plus est, ne savent pas monter à cheval. Cela, je l'affirme ; la preuve, la voici :

Tout élève, quel qu'il soit, montant pour la première fois

à cheval, éprouve une émotion très-forte, qu'il est impossible d'effacer subitement, quels que soient les soins, les précautions et l'habileté du professeur. Ces craintes sont quelquefois tellement nerveuses, que, malgré la bonne volonté et les efforts de l'élève, il ne lui est pas possible de les dominer. Pour éviter cela, il faut d'abord familiariser le jeune homme avec le cheval qu'il doit monter; le placer près de l'épaule gauche de cet animal, exiger qu'il le caresse, et par là, le persuader de sa douceur, de sa patience et de sa docilité. L'élève prendra ainsi de l'assurance; alors on pourra l'engager à monter et à descendre plusieurs fois de suite. L'élève finira ainsi par témoigner de lui-même, le désir de demeurer en selle; il est toutefois indispensable de répéter ces exercices plusieurs jours de suite afin de le tranquilliser complètement. C'est alors, et seulement alors qu'on pourra lui enseigner la conduite du cheval et le maniement des rênes.

Je mentionnerai ici en passant le tort immense qu'ont presque tous ces faux écuyers, de confier à l'élève à son début, les rênes d'une bride et non d'un bridon.

Toutes ces erreurs accumulées, suite de théories fausses et inapplicables, ont eu d'énormes conséquences; c'est d'elles qu'est né cet esprit de spécialité et d'exclusion, qui règne dans l'art de l'équitation.

Je puis, je l'espère, en parler savamment, moi, qui, depuis l'âge de sept ans n'ai jamais cessé un seul instant de pratiquer, et qui, pour professeurs, ai eu, mon père et un des premiers écuyers de France, M. le comte d'Aure. C'est de lui que je tiens les moyens et la science de dominer les chevaux les plus fougueux.

Bien souvent j'entends dire à un certain nombre d'hommes, qui se glorifient du titre d'écuyers, qu'ils ont entre les mains des chevaux indomptables. Je ne puis alors que hausser les épaules de pitié. Des chevaux indomptables !... Erreur !

.Erreur ! mille fois erreur !... Il n'en existe pas. J'ai visité
la Russie, la Prusse, l'Autriche, la Belgique, le Hanovre,
toujours dans le but de trouver de tels chevaux, et je n'ai pas
pu en trouver. Je me mets d'ailleurs à la disposition des
personnes qui croiraient posséder des chevaux indomptables.
C'est en outre à la critique des prétendants au titre d'écuyers
et à celle de mes confrères que je livre mon ouvrage.

Mon expérience m'a appris que l'équitation ne peut être
complète et utile, qu'autant qu'elle réunit dans son ensemble
tous les genres que comprend l'art équestre et qui sont liés
d'une manière intime. Telle est ma conviction pleine et
entière !

Je viens donc rappeler à l'éleveur et à l'amateur de chevaux, les soins à donner aux jeunes chevaux, afin de rendre
plus manifeste l'erreur des écuyers qui prétendent au
XIXᵉ siècle, qu'en France, il existe des chevaux indomptables.

Je ne prétends pas donner les règles d'hygiène à observer
pendant la jeunesse du cheval; des ouvrages spéciaux traitent de cette matière plus convenablement qu'il me serait
possible de le faire ici; je ferai connaitre seulement les soins
à donner au poulain dès sa naissance, les moyens à prendre
et les principes à suivre au début de son éducation. Ceci
est d'une bien grande importance, car si l'éducation du
cheval est une fois manquée, il vous faudra le confier à des
écuyers bien souvent inexpérimentés qui rendront ce dressage long et pénible. En effet, cet animal aura à soutenir des
luttes tellement énergiques que son organisation pourra en
souffrir; ce qui, en tarant ce superbe animal, lui fera perdre
beaucoup de sa valeur.

L'art équestre peut d'ailleurs se diviser en branches bien
distinctes, soit que l'on désire utiliser son cheval pour la promenade, la chasse, la guerre ou le manége, soit pour les
courses plates ou avec obstacles.

Toutes les méthodes qui jusqu'à ce jour ont été publiées

ne traitent guère que de l'un des genres que je viens de citer, et cependant tous s'enchaînent d'une manière tout à fait intime.

Triple erreur, je le répète, qui fait regarder le sportsman comme un affreux casse-cou par l'écuyer de manége, et celui-ci par le premier comme une sorte de professeur de danse. Tous deux peuvent avoir leur mérite ; cependant ce ne sont pas de véritables écuyers, s'ils ne possèdent la science nécessaire pour employer le cheval à tous ses usages et en outre la solidité, la vigueur, la hardiesse et le sang-froid dont il faut faire preuve dans les différents genres. A mon avis, celui qui ne sait faire que de la haute école fût-elle merveilleuse d'élégance et de naturel, ne mérite pas plus le titre d'écuyer que le sportsman, qui, sur les hippodrômes, ne fait que lancer et diriger des chevaux.

Connaissance et dressage du Cheval

LE CHEVAL A SA NAISSANCE.

Le poulain est-il né, sa mère le lèche ; puis il essaie de se lever, y réussit si quelqu'un l'aide, cherche la mamelle. Il n'y a d'autres soins à lui donner que de le tenir chaudement. Quelques jours après sa naissance, on peut le laisser suivre sa mère au travail ou au pâturage. Chaque fois qu'elle s'arrêtera, il courra à la mamelle.

A deux mois, on peut commencer à lui donner du fourrage ; à six ou sept, le sevrer et le mettre au pâturage.

Il ne doit travailler qu'à trois ou quatre ans, et même à cinq ou six ans, s'il est de belle race.

AGE DES CHEVAUX.

A l'état adulte, le cheval a 18 dents à chaque mâchoire, savoir :

Six incisives rangées en avant ;

Six molaires postérieures placées de chaque côté de la mâchoire séparées des premières par un large espace que l'on nomme les *barres*. C'est là où repose le mors.

Les chevaux ont en outre une dent canine de chaque côté dans l'espace des barres, ce sont les *rochets*.

Les juments en sont ordinairement privées.

L'âge se connait, chez le cheval, aux changements qu'éprouvent les dents incisives. Elles sont rangées en demi cercle ; chacune présente à peu près une table horizontale, où l'on remarque une cavité à fond noir et que l'on nomme *germe de fève*. Ces dents commencent à pousser quinze jours après la naissance du poulain.

Les dents du milieu nommées *pinces* se montrent d'abord vers trois mois et demi ; paraissent ensuite deux autres dents à côté des pinces, ce sont les *mitoyennes* ; vers sept ou huit mois, naissent les deux suivantes, appelées *coins*.

Ces dents de lait sont blanches, étroites au collet vers la gencive, et plus courtes que celles qui dans la suite les remplacent.

Vers quinze mois les pinces se *rasent*, c'est-à-dire, perdent leur cavité ; de seize à vingt, ce sont les cavités des mitoyennes qui s'effacent ; enfin, les coins se rasent de vingt à vingt-quatre mois : ces époques sont toutefois susceptibles de quelques variations, et ne peuvent donner des renseignements bien précis.

A deux ans et demi ou trois, tombent les pinces qui sont remplacées par deux autres dents beaucoup plus larges ; à trois ans et demi ou quatre, les mitoyennes tombent ; et enfin, les coins sont remplacés à quatre ans et demie ou cinq.

C'est à cet âge que commencent à se raser les pinces de la mâchoire inférieure ; de cinq à six, et de six à sept, se rasent à leur tour les mitoyennes ; c'est entre sept à huit ans que les coins perdent leur cavité.

Les dents de la mâchoire supérieure se rasent plus tard :

la raison en est que, étant immobiles, elles ont moins à souffrir des frottements que celles de la mâchoire supérieure.

Les pinces supérieures ne perdent leurs cavités qu'à huit ou neuf ans, à neuf ou dix, ce sont les mitoyennes, et entre dix et douze, les cavités des coins disparaissent.

Ce temps passé, il est difficile d'apprécier l'âge de l'animal, toutefois on remarque que les dents qui étaient aplaties de dehors en dedans deviennent triangulaires, puis rondes, quelquefois s'allongent beaucoup, et d'autres fois s'usent jusqu'à la gencive : dans tous les cas, elles deviennent jaunes et cannelées.

On a aussi remarqué que les salières au-dessus des yeux se creusent.

Telles sont les marques qu'apporte la vieillesse dans l'organisation dentaire du cheval.

ART ÉQUESTRE

> C'est par la perte de sa liberté que commence son éducation, c'est par la contrainte qu'elle s'achève.
>
> (BUFFON.)

La science équestre est la connaissance approfondie des principes à suivre pour dompter le cheval et utiliser ses forces.

L'art équestre est la mise en pratique de ces principes; comme tous les autres, cet art a sa poésie qui est la haute école.

Cette poésie n'a qu'une seule règle : rendre au cheval captif, soumis et attentif, toute la grâce et le brillant qu'il avait dans sa liberté.

LE CHEVAL ET SON CARACTÈRE.

Buffon a dit que le cheval était la plus belle conquête de l'homme sur la nature. La plus belle conquête? oui! car c'est bien le plus bel animal de la Création. Voyez-le en liberté prendre ses ébats et folâtrer dans les pâturages que lui a donné la nature, et vous pourrez juger, si, dans tous les airs de manége que nous avons obtenus de lui, après bien des luttes, beaucoup de temps, de tact et de patience, nous avons conservé l'élégance de ses formes, l'ampleur, la force et la grâce de ses mouvements.

Pour arriver à lui faire exécuter avec ardeur ces passages, voltes ou demi-voltes, changements de pied, croupades, en un mot, tous les airs de haute école, il nous a fallu d'abord montrer à cet animal, que l'homme n'est pour lui qu'un ami, et ensuite, lui faire sentir, par les caresses et les douceurs, les réprimandes au besoin, qu'il a un maître, mais un maître qui, sachant châtier impitoyablement, sait aussi récompenser au besoin.

Le cheval a l'œil étincelant, les naseaux couleur de feu, tout chez lui accuse le courage et la puissance ; malgré tout cela, c'est un animal fort timide: le moindre bruit, le moindre objet inconnu le met en émoi. Au début de son dressage on doit donc s'appliquer avec soin à éloigner de lui les objets de nature à causer un ébranlement momentané de son système nerveux. Sa mémoire est beaucoup plus développée que celle des autres animaux, au point qu', bien dressé, resterait-il des années sans être monté, il aura conservé, malgré ce long laps de temps, son éducation intacte.

Maintenant que vous avez une idée de son intelligence, de sa mémoire, de sa timidité, laissez-moi, tout en faisant son éducation , vous montrer son irritabilité , son côté brillant, et aussi son côté faible.

Il convient de faire graduellement son instruction , afin de développer ses bonnes qualités, tout en faisant disparaitre ses défauts, quelquefois très nombreux, surtout à la suite d'un mauvais dressage.

ÉDUCATION DU CHEVAL.

Les deux premières années du poulain doivent être passées à la prairie réuni autant que possible, à quelques-uns de ses congénères. Vous le verrez peu à peu prendre ses ébats, développer ses forces de vitesse, que possèdent à un si haut degré les jeunes chevaux. Vous verrez bientôt, tout en vous amusant, le meilleur de la jeune bande, accourir en toute hâte aux hangards où il a l'habitude de vous voir, laissant loin derrière lui ses concurrents découragés. Commencez alors par lui caresser la tête, l'encolure, le tour des yeux, les oreilles ; cherchez enfin à le familiariser à ces caresses. Quand vous y serez arrivé , présentez lui un licou, il le flairera et finira par s'y accoutumer, au point de n'y plus prêter aucune attention. A cet instant, posez légèrement votre main sur sa tête, et quand vous vous serez assuré de sa satisfaction, qu'il témoignera le plus souvent en s'appuyant lui-même sur vous, alors, mais seulement alors, ajustez lui le licou. Vous l'aurez ainsi le plus souvent ajusté sans que le poulain s'en soit aperçu.

Dans les premiers temps, donnez toute votre attention à éviter tout mouvement brusque ou saccadé, ce qui, si on ne l'évitait pas, ne manquerait pas de provoquer une crainte, même sur le cheval le plus soumis. Ayez soin aussi de continuer en même temps, de la main qui vous reste libre les mêmes caresses ; et vous pourrez constater qu'en moins de huit jours, votre jeune élève sera docile à cet appel.

Après l'épreuve ci-dessus, ajoutez une longe au licou ; cherchez ensuite à attirer à vous le jeune cheval. S'il fait quelques difficultés pour vous suivre, faites passer devant lui un vieux cheval ; vous éviterez par ce procédé, une lutte quelquefois pénible. Si malgré cette précaution, l'animal continuait à se débattre, à un tel point que vous puissiez craindre que la lutte tournât à votre défaveur, placez derrière lui un homme habile, qui, armé d'une chambrière, le détermine à avancer. Recommandez bien toutefois à cet aide, d'user modérément de ses coups. Vous récompenserez ensuite votre élève par des caresses, au besoin par un morceau de sucre ou de carottes, dont cet animal est très-friand.

J'emploie toujours ce procédé à l'égard des chevaux prétendus indomptables. J'obtiens ainsi tout ce que je veux de cet animal que l'on met quelquefois par des brusqueries, hors de lui-même, ce qui le détermine à se défendre par des moyens dont je vous donnerai plus loin un aperçu.

Après avoir obtenu du poulain de se laisser conduire à la longe, attachez-le à la mangeoire ou au ratelier. Ici, il y a encore une précaution à prendre, c'est celle de faire en sorte que le licou et sa longe soient d'une solidité telle qu'il soit complètement impossible à l'animal de se détacher. S'il parvenait une fois à briser ses liens, il n'oublierait pas, soyez en certain, cette petite victoire, et ne manquerait pas d'acquérir l'habitude de *tirer au renard*, défaut bien dangereux.

Veillez aussi à ce que la sous-gorge soit assez serrée pour qu'il ne puisse, en se grattant avec un pied de derrière ou à la mangeoire, *se délicoter* ; car, si ce moyen lui réussit une fois, il ne manquera pas d'acquérir une telle habitude de cet exercice qu'il sera complètement impossible de le tenir attaché.

Si au contraire, le poulain reste patiemment attaché, vous

pourrez commencer à lui faire flairer les ustensiles d'écurie, d'abord la brosse, que vous lui passerez ensuite le long de l'encolure, avec assez de légèreté pour ne pas l'en inquiéter ; promenez-la après cela, sur les autres parties du corps, tout en observant la même légèreté : passez alors à l'étrille, et recommencez le même travail avec plus de douceur et de prudence, car un frottement un peu trop fort pourrait rendre l'animal chatouilleux, défaut qu'il pourrait conserver dans la suite.

Vous n'aurez ainsi, presque jamais ou pour mieux dire, jamais de luttes. Si toutefois, malgré toutes ces précautions, il en était autrement, châtiez vertement l'animal avec la cravache, et non avec le caveçon, comme le prescrivent quelques écuyers ; recommencez de nouveau, mais s'il est possible, avec plus de douceur, tenant toujours votre cravache d'une main. Le pansage terminé, faites-lui donner les pieds, d'abord ceux de devant, puis ceux de derrière, toujours avec la plus grande douceur. Quand il donnera sans difficulté les quatre pieds, frappez-lui légèrement sur la sole avec les doigts, ensuite avec un corps dur, le manche d'un marteau, par exemple, et enfin avec le marteau lui-même. Ceci est d'une très-grande importance pour obtenir du cheval la tranquillité lorsqu'on le ferrera pour la première fois. Y a-t-il un plus grand désagrément que de voir un cheval ne pas vouloir supporter la ferrure, vu que, pour cela, il faille prendre des précautions sans nombre, pour cette opération qui se représente souvent.

Présentez-lui ensuite sa couverture et son surfait, et usez des mêmes précautions que pour le licou et les ustensiles de pansage. Mettez-lui la couverture sur le cou et faites-la glisser doucement sur le dos ; et ajustez le surfait, en ayant soin de ne le pas trop serrer.

Si le poulain cherche à enlever sa couverture avec les dents, adoptez une quenouille à son licou, autrement dit, un morceau de bois, auquel on a pratiqué à quelques centimètres des bouts, un trou assez grand pour y passer une corde; après avoir fixé cette corde au licou, venez l'attacher au surfait. Cette précaution enlèvera à l'animal l'idée d'arracher sa couverture, défaut bien coûteux, engendré par une mauvaise éducation.

Je ferai aussi observer aux personnes qui élèvent des poulains, que c'est un tort de leur donner des friandises, telles que sucre, pain, carottes, etc., croyant par là les engager à les suivre plus rapidement. Ce n'est pas trop mauvais cependant! Toutefois j'engage messieurs les éleveurs et amateurs à ne pas en faire un abus, et en voilà la raison :

Le cheval, habitué à recevoir des friandises, deviendra tellement exigeant que toutes les fois qu'il s'approchera de vous, il réitérera sa demande, et je vous l'ai déjà fait remarquer, la mémoire de cet animal est excessivement développée à un degré même tel que, si vous lui refusez l'objet des convoitises, qu'il espérait avoir, vous le verrez aussitôt devenir sérieux et mordeur. Evitez donc cet inconvénient, en lui donnant franchement, les friandises que vous lui destinez, une fois ses provisions épuisées; caressez ensuite, ou châtiez légèrement si son importunité ne cesse immédiatement.

L'âge de trois ans arrive-t-il pour votre poulain privé d'une partie de la liberté dont il avait joui ses deux premières années qui, du reste, était indispensable au développement de ses forces, il faut alors l'en priver complètement, et lui faire sentir ce que vous allez exiger de lui pour le complément de son éducation.

Il importe de le familiariser dès lors avec le bridon, en l'introduisant avec précaution dans la bouche de l'animal. Il faut éviter surtout de le faire souffrir ou de l'effrayer, et ne pas heurter les incisives. Tout cela bien exécuté ne sera qu'un jeu, tant pour vous que pour votre jeune élève. Conduisez-le à la main pendant quelques instants pour l'habituer à sentir dans la bouche ce corps étranger. Cette habitude une fois acquise, vous pourrez passer à la selle ou au bât de mulet, toujours en observant la douceur la plus grande. Il faut avoir soin aussi de ne serrer les sangles que graduellement, afin d'éviter que le poulain ne se porte en avant faisant le gros dos, et ne brise ainsi ses sangles ; ce qu'il ne cesserait de recommencer toutes les fois qu'on le sellerait. J'ai connu ce défaut à beaucoup de chevaux qui m'avaient été confiés et qui, disait-on, ne se laissaient pas monter, et il me suffit alors de les désangler un peu pour qu'ils se missent immédiatement en marche et sans aucune autre difficulté.

Lorsque le poulain marche docilement, supporte gracieusement sa charge, vient le moment d'augmenter son fardeau en faisant monter et descendre sur place, à plusieurs reprises, un enfant hardi, vigoureux, et qui ait déjà l'habitude de monter à cheval. Si l'animal ne s'en défend point, faites-le conduire par la longe et par deux hommes habiles, conservant toujours sur lui son jeune conducteur, tenant dans chaque main les rênes du bridon, assez lâches pour ne pas ralentir la marche que lui demandent les deux hommes placés devant lui. Après quelques jours de cet exercice, vous pourrez laisser le poulain entièrement libre entre les mains de son jeune cavalier ; peut-être les verrez-vous rouler à terre l'un et l'autre, mais ne vous en inquiétez pas, ce sont deux enfants, ils se débarrasseront toujours mieux que vous ne pouvez le supposer. Entreprenez ensuite quelques promenades, en prenant toujours la précaution de faire accompagner votre poulain, par un autre cavalier, montant un cheval déjà aguerri ; ceci forcera votre élève à suivre la route avec moins de frayeur et plus de sagesse. Si toutefois certains objets venaient à l'effrayer, évitez avec le plus grand soin de le forcer à passer outre. En le brutalisant et le châtiant vous ne feriez qu'augmenter sa frayeur et chaque fois qu'un objet de nature à l'effrayer se trouverait sur sa route,

vous verriez votre cheval chercher à l'éviter par un demi-tour
ou s'emporter, défaut terrible dont je vous parlerai plus loin.
Dans une telle occurrence, qu'il vous suffise de le caresser
tout en tenant conversation avec votre élève, peu à peu vous
le verrez s'avancer vers l'objet qui l'a effrayé et passer outre
sans difficulté. Ainsi, de peureux qu'il eut été si vous l'eussiez
maltraité, votre cheval deviendra parfaitement franc.

Ce mode de dressage m'a donné depuis bien des années,
des réussites telles qu'au bout de peu de temps, je rendais
aux personnes qui me les avaient confiés, les chevaux
qu'elles croyaient indomptables, leur prouvant qu'il n'en
existait pas et qu'il ne pouvait y en avoir de tels, vu l'excel-
lente direction donnée à nos haras comme produits, et à nos
écoles de dressage, établies depuis peu en France. Rare-
ment nous y voyons des chevaux insoumis, au point d'être
mis au rebut, à moins qu'ils n'appartiennent à quelque cher-
cheur de bonne fortune, qui se qualifie du titre d'écuyer. A
mon avis, et je le dis ici, en attendant que je me trouve en
face d'eux, ce ne sont que d'affreux casse-cou. Alors le cheval, dont l'éducation est manquée, se trouve traduit en véritable conseil de guerre, par-devant, messsieurs les postil-
lons, cochers de fiacre, écuyers sans talents, pour passer
presque toujours de là chez l'équarisseur. Il est à remarquer
que ce sont les chevaux qui ont le plus de fond et de moyens
qui tombent entre les mains de ces massacreurs.

Mes expressions pourront peut-être vous paraître bien
dures, mais j'ai eu sortant de leur main, plusieurs chevaux,
dont une jument qui n'avait jamais pu être montée sans emporter son cavalier ; elle avait appartenu à un officier de ca-
valerie, qui pour ce défaut l'avait fait réformer. De là, elle
était passée à un fiacre, où cette pauvre bête, se voyant entre
mauvaises mains, avait pris l'habitude, à peine attelée, de se
déshabiller dans les brancards, toujours trop faibles pour
l'en empêcher. J'achetai alors cette jument et je pus, après

trente leçons à la selle, vingt-deux à la voiture, la confier à
des élèves débutants, à des dames qui se mettaient pour la
première fois en selle. A la surprise des personnes qui
l'avaient connue autrefois, je l'attelais comme le plus patient
des vieux chevaux. Un autre cheval, après trois années d'un
attelage à deux, avait perdu son compagnon, et dès lors
n'avait plus voulu se laisser monter ni atteler. Mêmes procédés de dressage, mêmes résultats. Bientôt j'eus d'excellents
chevaux, ce qui m'engage à soutenir ce que j'ai avancé dans
l'introduction de cet ouvrage.

Les procédés de dressage que j'emploie à l'égard des chevaux qui restent fixés sur le sol sans vouloir avancer, reculent, ruent, pointent, mordent, s'emportent, vous prouve-
ront une fois de plus que ce que j'avance est vrai, non-seule-
ment lorsque le dressage est fait par moi-même ; mais encore lorsqu'il sera fait par vous. Suivez exactement ma méthode et pas un cheval ne vous résistera davantage qu'il ne
me résisterait à moi-même.

MOYENS DE CONTRAINTE A EMPLOYER DANS LE DRESSAGE
DU CHEVAL DE SELLE.

Lorsque vous voudrez soumettre un cheval à votre volonté
et utiliser ses forces à la selle, vous pourrez facilement y
arriver, en usant des moyens de contrainte que possède le
cavalier, et aussi des aides dont il faut surtout savoir se servir
avec tact. Aucun de ces moyens effectivement ne peut être
regardé comme absolu, à moins toutefois d'en régler l'emploi
avec tact et raison. La contrainte s'exerce par la bride et ses
accessoires ; vient en aide votre propre poids, dont vous
devez toujours être maître ; et en effet, votre équilibre doit
se modifier, soit en portant votre cheval en avant, soit en

voulant le retenir, en un mot, dans l'exécution des divers mouvements que vous demandez à votre cheval. Il est bien important de vous en rendre compte, car malheureusement pour l'art équestre, beaucoup de gens veulent faire du dressage, sans connaître et sans avoir même jamais connu les moyens à mettre en pratique pour donner au cheval, l'aisance et la facilité dans les mouvements, tout en lui laissant la grâce qu'il possédait et qu'il possède même toujours en liberté. J'espère donc, lecteur, qui que vous soyez, que, après m'avoir lu, vous pourrez rendre au cheval, à cet animal que l'on regarde comme si terrible, toute la douceur, non pas d'un petit chien, mais bien même du mouton le plus docile. Vos jambes, vos éperons de même que votre cravache sont des moyens d'aide.

Mais il existe de très-grandes difficultés dans l'emploi de ces divers moyens d'aide et de contrainte, permettez-moi de vous les signaler. Tel ou tel mors de bride ne peut être bon à tel ou tel cheval. La raison en est bien simple, tous les chevaux ne se ressemblent pas, quelques-uns ont la bouche courte, la tête lourde, l'encolure forte, d'autres la bouche longue, la tête légère, l'encolure longue. Aux premiers, il faut un mors à gros canons, grande liberté de langue, branches courtes et pas trop larges, filet à barrettes, autrement dit, filet Baucher. Les seconds portent généralement nez au vent, il leur faut par conséquent, un mors moins gros que le précédent, une liberté de langue plus étroite, les branches longues, et le même filet. Vous arriverez ainsi à faire supporter promptement à vos chevaux, et sans difficulté, l'action de la bride, ce qui pour un cheval de selle, et même pour l'attelage est d'une incontestable importance.

Vos effets de jambes doivent être réglés sur la sensibilité du cheval ; vos éperons doivent être employés avec la même circonspection. Croyez-vous, en effet, qu'avec un cheval de

pur-sang, il soit utile de fermer les jambes avec autant de
force qu'avec un cheval de quart de sang ?

La cravache est pour le cavalier un instrument précieux ;
seulement, il faut d'abord apprendre au cheval combien elle
a de valeur. Il en est de même pour chacun des autres
moyens ; il faut qu'après les avoir bien compris, son intelligence et sa mémoire lui en conservent le souvenir. La bride
vous servira à modérer la progression en avant, et à arrêter
l'animal ; à déterminer le cheval, à reculer et à abaisser la tête
ainsi que l'encolure. Le filet agissant sur la commissure des
lèvres, nous donnera de puissants effets latéraux que vous
n'obtiendriez quelquefois pas facilement avec le mors, il
pourra aussi déterminer l'animal à reculer, vous servira
même à modérer un cheval de vigueur ordinaire, de même
que pour relever l'encolure d'un cheval qui s'encapuchonne
ou met la tête entre les jambes. Au besoin il donne un point
d'appui au cheval que vous lancez à toute vitesse, et par là,
vous empêche de lui échauffer les barres, ce qui aurait in-
failliblement lieu si vous n'agissiez que sur le mors. Très-
souvent vous ne pouvez plus arrêter votre cheval, à quoi cela
tient-il ? C'est que le plus souvent il a les barres échauffées.

Vos jambes et les éperons sont comme je le disais tout-à-
l'heure, d'un effet incontestable et très-puissant sur le cheval.
En effet, suivant la pression, vous déterminez l'animal à se
porter en avant, à droite, à gauche, en arrière, vous l'arrêtez
même au besoin et le réduisez à l'immobilité.

La cravache a de son côté, une utilité bien précieuse pour
le cavalier, soit pour porter le cheval en avant, soit comme
moyen de correction. Seulement il est à observer qu'on doit
s'en servir avec vigueur, mais jamais sur la tête de l'animal,
ce qui est un défaut bien grand chez la plupart des cavaliers,
son utilité est si grande, qu'il serait impossible de s'en dis-
penser dans le dressage.

Tout cavalier qui possédera la parfaite connaissance de ces divers principes, sera conduit par leur application et leur mise en pratique, à l'art, vers lequel doivent tendre tous les efforts d'un cavalier.

DRESSAGE DU CHEVAL DE SELLE.

Le dressage d'un cheval peut se commencer à quatre ans, après avoir été au préalable, élevé par les moyens que tout-à-l'heure je faisais connaître.

Commencé à cinq ans, le dressage n'en serait que meilleur. A cet âge, en effet, le cheval est bien plus fort, et généralement débarrassé complétement de ses gourmes, maladie dangereuse pour le jeune cheval que l'on échaufferait et qui viendrait alors à se refroidir. Je conseille donc à MM. les éleveurs de ne commencer qu'à cinq ans le dressage du cheval pour la selle.

Vous pouvez ainsi avoir la certitude que l'écuyer à qui vous confierez votre cheval, en retirera tous les avantages que vous désirez, à moins que sa conformation ne s'y oppose. Bien souvent dans ce cas-là, les chevaux se défendent, il existe bien peu d'écuyers qui en recherchent la véritable cause. De là cependant part la base du dressage. Tel est le médecin qui, appelé près d'un enfant de quelques mois, auquel il est impossible de faire connaître l'endroit de la douleur, cherche, tâte, et finit par trouver la cause du mal, et guérit l'enfant, à moins que toutefois, l'art ne soit complétement impuissant : tel doit être l'écuyer qui se trouve en face d'un cheval, auquel, par défaut de conformation, il est complétement impossible d'exécuter les mouvements que l'on désire de lui. Si la cause n'en est pas soigneusement recherchée, mais qu'au contraire, on use de châtiments pour obvier à cet inconvénient, il arrivera le plus souvent que votre cheval passera pour indomptable. Alors vous le donnerez à *éreinter* ; c'est le mot ; votre cheval sera complètement perdu ; tel est le tort que vous causera l'inexpérience de l'écuyer à qui vous l'aurez confié.

Il est mille fois préférable de confier ses chevaux à une école de dressage qu'à la plupart de ces prétendus dresseurs. Les résultats obtenus seront bien plus prompts, vu la bonne organisation du manége et le talent dont il faut faire preuve pour être appelé à le diriger. D'ailleurs, ce n'est que dans un manége que peut se terminer le dressage des jeunes chevaux. Là, rien ne peut les distraire. Il n'en serait pas de même à l'extérieur ; le moindre objet peut l'effrayer, soit un défaut de terrain, soit un encombrement de la voie publique, soit un embarras quelconque. Le cavalier ne pourra pas toujours employer ses moyens de correction, et le cheval se rendra maitre du cavalier. Chaque fois ensuite qu'il faudra réprimer une faute, rectifier un mouvement, l'animal aura soin de vous mettre immédiatement dans l'impossibilité d'entrer en lutte avec lui, vous n'irez pas dès lors où bon vous semblera, avec un tel cheval, mais bien où il voudra vous conduire. Ce n'est point vous qui ménerez l'animal, mais bien celui-ci qui vous conduira. Je viens à votre secours en vous donnant ici les seize leçons de dressage et d'équitation tout à la fois. Suivez bien les procédés indiqués, et je vous garantis le succès. Le cavalier trouvera pour lui-même, un enseignement complet dans ces leçons, qui devront se répéter jusqu'à parfaite exécution. Un sommaire indiquera la division du travail. Trente jours pourront suffire, à condition que les quinze premiers jours, vous ne fassiez travailler votre cheval qu'une demi-heure le matin et autant le soir. Après cela, vous pourrez lui demander une heure et même plus de travail, sans avoir absolument rien à craindre.

Votre élève sera ainsi tout à la fois préparé pour la promenade, la chasse, la guerre, etc. Je dis préparé, car alors il restera encore beaucoup à apprendre au cheval, suivant le genre auquel vous désirez l'employer. En effet, pour la chasse et la guerre, on doit apprendre au cheval à franchir les obstacles sans hésitation, vu les perfectionnements apportés dans l'armée et la précision des armes à feu, tandis que le cheval de promenade doit franchir les obstacles avec autant d'aisance, de facilité et de grâce que s'il se trouvait antérieurement en liberté, aussi est-il bon de lui enseigner la haute-école, ou du moins quelques-uns de ses mouvements qui rendent cet animal si fier et si beau.

PREMIÈRE LEÇON.

TRAVAIL A PIED ET A LA MAIN. — PORTER LE CHEVAL EN AVANT ET EN ARRIÈRE.

Votre cheval une fois sellé et bridé, doit être amené au manége, où vous lui faites des caresses. Montrez-lui la cravache, en évitant toujours les mouvements brusques; passez sur l'encolure les rênes de bride que vous viendrez saisir de la main gauche et à leur extrémité, avec le pouce et l'index: puis, avec la même main, sans lâcher l'extrémité, venez saisir les rênes à pleine main, et à 16 centimètres environ du mors, le petit doigt en-dessous, l'index au milieu pour séparer les rênes et le pouce allongé sur la rêne gauche. Ainsi, si le cheval venait à reculer brusquement, il vous suffirait de laisser glisser les rênes dans la main jusqu'à leur extrémité, ce qui empêcherait le cheval de vous échapper. Alors, vous tenant à la tête l'animal, faites-le approcher de l'un des murs du manége, avec l'aide d'un homme qui se tiendra muni d'une chambrière à 3 mètres environ derrière votre élève. Frappez celui-ci au poitrail avec la cravache, et à petits coups répétés, tout en agissant un peu sur les rênes de bride. Vous parviendrez ainsi promptement à porter votre cheval en avant. Probablement, d'abord il aura cherché à se reculer, pour se soustraire à l'action de la cravache, à cet instant, l'homme muni de la chambrière n'aura qu'à élever le bras et à le montrer à votre élève, pour que de suite il cède et se porte en avant. On peut très-bien se passer d'un aide, mais le dressage sera bien plus long et plus pénible. Un pas en avant obtenu, vous en obtiendrez facilement plusieurs, au point qu'au moment où vous abaisserez la cravache au poitrail du cheval, il marchera avec empressement sur vous. C'est alors que le cavalier doit faire preuve de tact, et se rappeler que le cheval n'obéit qu'à la contrainte, et qu'il faut au moment même de l'obéissance, l'arrêter ; et en effet, je le répète encore, la mémoire du cheval est prodigieuse et à cette première leçon il aura déjà compris que pour se débarrasser de l'inquiétude répétée de votre cravache, il faut qu'il se porte en avant. Pour l'arrêter, baissez la main gauche en agissant sur le mors de bride. Agissez surtout avec douceur et légèreté, afin que cette action, tout en serrant le menton entre le canon du mors et la gourmette, n'amène pas votre cheval à s'acculer, c'est-à-dire, sur ses jarrets. Cette contrainte est excessivement sensible, et par son action, vous obtiendrez instantanément le reculer. Pour cela, il faut exiger que les diagonales se portent l'une après l'autre en arrière ; les jambes de derrière doivent commencer la marche afin que dans ce mouvement il y ait la même cadence soutenue et régulière que dans la marche en avant. Répétez ceci jusqu'à ce que votre élève se porte en avant et en arrière à la seule vue de votre cravache, et en

employant le moins possible la contrainte du mors de
bride. Causez pendant cet exercice avec votre élève, il vous
écoutera avec plaisir et se rendra bien plus vite familier
avec vous. Ceci est un fait d'expérience.

DEUXIÈME LEÇON.

MOBILISATION ET FLEXION DE LA MACHOIRE.
TRAVAIL A PIED.

Je ferai remarquer ici qu'avant de commencer une leçon il
est bon de répéter la précédente, afin que l'animal, répétant
successivement les exercices que vous lui faites faire, soit
docile au point de vous obéir instantanément et sans se
défendre.

Après avoir répété la première leçon, placez votre cheval
entre les piliers du manége, les rênes sur l'encolure, vous
tenant à sa gauche, c'est-à-dire du *côté montoir*, prenez les
rênes de la main droite près de la bouche du cheval, l'index
entre les deux rênes, et saisissez de la main gauche la rêne
du filet, écartez vos mains l'une de l'autre, rapprochant la
droite du poitrail de l'animal et tenant l'autre élevée, afin que
celle-ci lui fasse entr'ouvrir la bouche. Vous obtiendrez ainsi
les flexions de la mâchoire. Vous devrez répéter cette
contrainte et en proportionner la force à l'entêtement du
sujet, tout en attendant le moment où il cherchera à se
débarrasser de cette contrainte en lâchant le mors, ce qui
aura eu lieu dès que vous ne sentirez plus d'opposition à
l'action de vos mains, et qu'en marchant il aura cessé d'ap-
puyer. Supprimez alors toute contrainte afin que l'animal
comprenne que vous ne lui demandiez que de lâcher le

mors. Pour obtenir les flexions de la mâchoire du côté droit, il vous suffira de changer l'emploi des mains. Si vous voulez bien saisir l'instant où la mâchoire lâche le mors, ayez soin que vos effets de main soient bien moelleux ; si au contraire, ils agissent comme des ressorts, cette contrainte déterminera votre cheval à se défendre à son action. Avec de la légèreté, le cheval arrive à apprécier, pour ainsi dire, malgré lui, ces effets de mains et à s'y soumettre. Seulement, une grande fixité des mains est indispensable pour cet exercice.

Viennent maintenant les flexions latérales. Prenez de la main gauche à 16 centimètres environ de la bouche de l'animal, la rêne gauche de bride ainsi que celle du filet, les tenant séparées par l'index. La main droite saisira la rêne du filet seulement au-dessus de l'encolure, raccourcissant cette dernière et la ramenant à vous, tout en vous aidant de la main gauche pour que la mâchoire lâche le mors. Aussitôt l'animal tournera la tête à droite et quand vous ne sentirez plus de résistance, le mors aura été lâché. Par les moyens inverses, c'est-à-dire en changeant de côté et l'emploi des mains, votre sujet tournera la tête à gauche et lâchera également le mors.

Pour compléter cet exercice, vous monterez sur le cheval, afin de lui faire exécuter des flexions directes, avec les rênes de bride seulement. Pour obtenir ces flexions sans que l'animal recule, la main gauche doit être bien fermée sur les rênes, séparées seulement par le petit doigt, les ongles faisant face au milieu du corps ; vous devrez rapprocher la main près du corps graduellement, les jambes près du cheval sans le presser, aussitôt l'animal lâchera son point d'appui tout en marchant. De même qu'à pied, la fixité des poignets doit être complète, afin que le cheval en obéissant ne sente plus l'action de la main. Saisissez bien ce moment pour lui rendre la main. Ceci obtenu à de nombreuses reprises et sans que votre cheval ne montre

aucun trouble, soit en reculant soit en cherchant à vous
sortir des mains en allongeant l'encolure, faites-lui exécuter la
position du *ramener*. Cette position consiste à maintenir la
tête de votre élève haute, sans cependant dépasser une
certaine limite. Pour que la tête soit bien placée, le chan-
frein doit être vertical, le cou arrondi et animé, de même que
pour le cheval en liberté.

Le cheval ayant appris à se soustraire à ces effets de mors
par ses flexions plusieurs fois répétées, arrivera rapidement
à un tel degré de dressage, qu'au moindre effet de main
ou de jambes, il prendra l'attitude du ramener. Souvent
l'animal se révolte ou se défend dans ces premiers exercices,
c'est que le travail a été trop prolongé, cela lui a donné des
crampes auxquelles il ne peut résister. Aussi est-il important
de lui donner de fréquents repos.

TROISIÈME LEÇON.

TRAVAIL A PIED. — PIROUETTES RENVERSÉES ET PIROUETTES ORDINAIRES.

Pour faire exécuter cette figure, l'une des plus utiles du
dressage du jeune cheval, tenez dans la main gauche la bride
de votre élève, puis avec la cravache, frappez-lui sur le
flanc droit près des sangles des petits coups répétés, toujours
avec modération pour ne pas le rendre insoumis, toutefois, il
faudra que vous puissiez éveiller sa sensibilité, alors il fera
un pas de côté pour éviter cette provocation. Cessez, aussitôt
que vous aurez obtenu ce que vous demandez, d'employer la
cravache; l'animal aura ainsi exécuté la pirouette renversée

à gauche ; le pied gauche antérieur du cheval doit rester immobile, votre main gauche faisant de fréquents effets de mobilisation, pour maintenir la tête en place.

Pour obtenir la pirouette renversée à droite, changez de côté, la bride dans la main droite, la cravache dans la gauche. Recommencez ainsi plusieurs fois afin que l'animal exécute cette prouette avec aisance et sans mouvement brusque.

La pirouette ordinaire devra s'exécuter sur l'un des pieds postérieurs qui devra servir de pivot, c'est-à-dire, celui du côté vers lequel vous faites tourner votre élève.

Pour la pirouette ordinaire à droite, saisissez la bride dans la main droite, menant avec ladite main l'encolure et les épaules à droite, en l'appuyant sur la croupe afin que le pied droit de derrière serve de pivot et ne se lève pas, les jambes de devant décrivant de grands arcs de cercle.

La pirouette ordinaire à gauche s'obtient de la même manière, mais le cheval sera tenu par la main droite, la cravache dans la main gauche. N'exigez pas toutefois trop de votre cheval dans l'exécution de ces mouvements. Augmentez-en le nombre graduellement et recommencez tant que vous en verrez la nécessité.

QUATRIÈME LEÇON.

TRAVAIL A PIED. — PAS DE CÔTÉ. — TÊTE ET CROUPE AU MUR.

Répétez toujours à pied les trois premières leçons.

Le pas de côté à droite s'obtient en tenant la bride de votre cheval dans la main gauche, la cravache dans la droite, frappez de petits coups répétés sur le flanc gauche, lui tenant

la tête vers le mur. Cette attaque éloigne la croupe qui cherche à éviter les coups, éloignez alors les épaules, en donnant de la main qui tient la bride, la direction à droite. Cela
répété jusqu'à ce que votre cheval ait parfaitement compris,
vous le lui ferez exécuter de gauche à droite, par les mêmes
principes, mais en employant les moyens inverses.

Après chacun de ces mouvements de même qu'après ceux
qui vont suivre, n'oubliez pas de calmer votre élève par de
fréquentes caresses. Toutes ces leçons n'auront véritable-
ment de valeur qu'autant que le cheval les exécutera sans
irritation.

LE CAVALIER ET SA POSITION.

MANIÈRE DE LE METTRE EN SELLE.

Le cavalier avant de chercher à monter à cheval, s'approchera de sa monture et passera une inspection en détail de
tout son harnachement, afin de s'assurer si son cheval est
parfaitement bridé et sellé ; ensuite, se placera à l'épaule
gauche de son cheval, muni de sa cravache dans la main
droite, prendra de la main gauche les rênes de bride et du
filet entre le médium et l'index, puis passera sa cravache de
la main droite dans la main gauche, saisira de la main droite
une poignée de crins le plus haut possible, prendra dans la
main droite les rênes de droite qu'il passera dans la main
gauche, saisira de la main droite l'étrivière près de l'étrier
en la maintenant sur son plat, y engagera la pointe du pied
gauche, se soulèvera sur la pointe du pied droit, pivotera
sur ce même pied pour arriver à saisir de la main droite le
derrière de la selle, et aussitôt s'élancera sur un effort de ce

pied, afin d'apporter le pied droit à côté du gauche, marquera
un temps d'arrêt dans cette position, puis changera sa main
droite de place en la portant sur le pommeau de la selle ; à
cet instant, le cavalier passera sa jambe droite tendue par-
dessus la croupe de son cheval sans le toucher, en ayant soin
d'arriver en selle le plus légèrement possible. Une fois en
selle, il prendra vivement sa cravache et à la seconde virole,
la pointe en l'air, les ongles en-dessous de cette même main,
saisira les rênes droites séparées de deux doigts, et les rênes
gauches resteront de même dans la main gauche. Ses rênes
une fois ajustées et séparées de manière à ce que les rênes
de bride soient en-dessous de celles du filet, le cavalier
chaussera l'étrier droit de manière à ce que le plat de l'étrivière soit sur le devant de la jambe.

Pour mettre pied à terre, le cavalier suivra les mêmes
principes par les moyens inverses de ceux que je viens de
décrire.

Le cavalier, pour être au milieu de sa selle, devra être
assis sur la partie postérieure des fesses, le corps droit, le
poids des épaules sur les hanches, la tête droite et libre, les
coudes liés aux hanches sans raideur, les poignets à 10 centimètres du corps et à 16 l'un de l'autre, les ongles se faisant
face, les pouces allongés sur l'extrémité des rênes faisant face
à chaque oreille. Les jambes tomberont librement et sans
raideur sur les étriers afin que les pieds maintiennent les
étriers chaussés de manière à ce que les talons soient à la
même hauteur que la pointe des pieds.

Une fois le cheval en confiance, et après s'être porté pendant quelques leçons franchement en avant, le cavalier pourra
changer son mode de conduite comme il suit :

Prendre avec la main droite l'extrémité des rênes de bride,
y placer ensuite la main gauche à hauteur de la poitrine et à
16 centimètres en ayant soin de les séparer par le petit doigt,
abandonner ses dernières de la main droite qui viendra pren-

dre les rênes du filet auquel il fera un nœud à hauteur du pommeau de la selle, et pourra par ce moyen se trouver en rênes séparées subitement en saisissant avec les deux premiers doigts de la main gauche sans abandonner sa bride et en avant du nœud la rêne gauche du filet, secours très-utile que vous reconnaîtrez par la pratique, la cravache restant toujours dans la main droite.

Ma méthode, comme vous voyez, n'est pas difficile, seulement il faut commencer par le plus simple et le plus facile, et comme j'ai eu l'honneur de le dire plus haut, nul cheval n'a jamais résisté à se porter en avant par ces procédés.

DÉFENSE DES CHEVAUX.

QUATRE CAUSES GÉNÉRALES.

1°

L'inhabileté du cavalier à pousser le cheval à l'excès quand il ne comprend pas ce qu'on veut exiger de lui.

2°

Le cheval mal bridé, soit par un mors trop dur ou trop doux, n'ayant pas assez de puissance, trop haut ou trop bas, cause toujours défectueuse.

3°

Le mauvais naturel du cheval qui ne veut nullement faire ce qu'on lui demande, ce qui est chez lui, paresse et entêtement.

4°

Généralement, la mauvaise construction de ce dernier à qui toute demande est pénible ou le fait souffrir.

Dans le premier cas, être moins exigeant et plus modéré.

Dans le deuxième, voir toujours la bouche du cheval avant de le brider afin de s'assurer du mors qu'il faut employer (1).

Dans le troisième, exigez graduellement le travail; si en graduant les exercices vous voyez que vous n'obtenez rien de votre cheval, il ne vous reste qu'à vous défaire de votre animal; aucun remède ni moyen ne vous réussiront, attendu que vous ne pourrez faire un bon cheval d'un cheval absolument mauvais; car, quelles que soient les défenses, lorsqu'un cheval les a répétées, il faudra être cavalier solide et hardi pour vaincre de vive force une défense invétérée.

Quatrième et dernière cause :

Dans cette dernière cause, je vais mettre aux yeux et à la connaissance des cavaliers, le principal motif qui entraine tous les chevaux à se défendre.

Les chevaux qui se défendent sont ceux qui ont les plus grandes prédispositions au développement des tumeurs dans les jarrets, car le jarret est la partie du cheval qui a le plus besoin d'une bonne construction, attendu que c'est sur les jarrets que se concentrent tous ses efforts, au point que sa puissance n'est grande, solide et énergique, que lorsqu'il est doué de jarrets larges, osseux et secs; si au contraire, il a les jarrets étroits, droits, coudés et coupés, il est rare qu'au service que vous voudriez en tirer, il n'emploie des défenses afin de s'opposer à ce que vous voudriez exiger de lui, car il est à remarquer que les jarrets droits sont ceux chez lesquels naissent les éparvins et les vessigons, et dans les jarrets coudés on trouve les jardons, les éparvins, les vessigons et les capelets, surtout quand les jarrets sont en même temps coupés à la partie inférieure.

C'est donc par suite de conformation vicieuse que j'ai trouvé des défenses, et c'est cette conformation vicieuse qui est cause d'une grande erreur que j'ai lue dans certains ouvrages écrits par des écuyers, où ils disaient : tel ou tel cheval est

(1) Les vessigons.

3

inmontable, ils disaient plus, indomptable. Voici pour ceux qui se disent dresseurs de chevaux, une grande erreur qui fait croire qu'ils n'ont jamais su mettre une bride à la bouche d'un cheval.

Si par le monde hippique il a été parlé souvent de chevaux difficiles, aussi, beaucoup d'hommes dont la réputation est bien établie à ce sujet, avouent que bien des fois ils ont été trompés; car, comme preuve de ce que j'avance, ils ont toujours considéré l'extérieur du cheval comme celui qui demande le plus d'étude pratique, cela est si vrai que M. de Montigny, inspecteur des haras et des écoles de dressage, en voyant venir un cavalier à lui dira de suite le motif qui fait hésiter le cheval à se porter en avant. Ainsi donc, si vous voulez obtenir promptement du progrès de votre élève, attachez-vous sérieusement et familierement à connaitre ces tares, par là, vous pourrez par vos mains ou vos jambes, lui diminuer les douleurs que ces tares occasionnent journellement.

Loin de moi, la prétention de venir vous dire le dernier mot sur cette matière, mais en vous adressant mes observations qui m'ont été démontrées par trente années de pratique, je veux, si c'est possible, venir en aide à un grand nombre d'amateurs et de dresseurs de chevaux.

Dans l'espoir que ceux qui me liront, pourront, avec de nouvelles études s'enrichir de mes observations bien accueillies.

Dans cette pensée, le mémoire que j'ai l'honneur de vous soumettre, quoique paraissant exclusivement de la compétence de la science vétérinaire pourra aussi être utile à tous ceux qui voudront s'occuper de chevaux.

PREMIÈRE LEÇON A CHEVAL.

TRAVAIL A CHEVAL. — PORTER LE CHEVAL EN AVANT, AU PAS, ET LE FAIRE RECULER.

Ce travail s'exécutera à cheval, mais sans éperons.

Pour déterminer votre élève à marcher en avant au pas, vous devrez d'abord ajuster les rênes de bride, puis celles du filet, prenant la précaution de faire à celles-ci un nœud de telle sorte que ce nœud se trouve à 20 centimètres environ de votre poitrine. Tenant la bride dans la main gauche, les deux premiers doigts détachés et retenant par le nœud la rêne gauche du filet vous suivrez celle de droite à pleine main devant le nœud et de la main droite le pouce en avant, le petit doigt en-dessous, ce qui vous permettra de faire glisser sur les rênes du filet l'une ou l'autre main, dans le cas où le cheval qui ne connait pas encore les effets de bride, voudrait se diriger ou à droite ou à gauche. Pressez alors un peu en arrière les flancs du cheval avec vos jambes, progressivement et sans contre-coup, ayant surtout soin de rendre la main ou du moins d'en diminuer l'effet. Votre cheval se portera aussitôt en avant; si votre pression de jambes manquait son effet et ne suffisait pas, employez des coups de talons des deux côtés à la fois, sans entr'ouvrir les genoux. Alors, aussitôt que votre élève se portera en avant, cessez l'effet de talons, mais observez toujours la pression des jambes, la réglant sur la sensibilité de l'animal. A cette marche en avant, la main doit être en communication avec la bouche du cheval, afin que la tension des rênes exerce une traction sans douleur dans la bouche. Il ne faudrait pas en effet que les rênes soient flottantes, car dans cette marche, il faut donner à votre cheval une direction au moyen des rênes du filet, qu'il faut tenir une dans chaque main.

Le cheval de selle se conduit et se dirige de trois manières différentes, d'abord directement, puis par renversement, et enfin par opposition. Directement, en tirant sur la rêne droite pour aller à droite, et sur la rêne gauche pour aller à gauche. On obtient les mêmes effets directs avec les rênes de bride qu'avec celles du filet, mais les rênes de filet fournissent surtout au commencement du dressage une contrainte plus puissante. Par renversement, en tenant les rênes de bride dans une seule main. Si elles sont tenues dans la main gauche, il suffira de la porter à droite pour tourner à droite. C'est un fait d'expérience que vous trouverez plus facilement à gauche en passant ensuite votre bride dans la main droite, les rênes séparées par l'index, et portant cette main à gauche. La troisième manière est l'opposition. Supposez votre cheval suivant la ligne droite, et tout-à-coup, effrayé par la présence d'un objet quelconque, immédiatement il s'écartera vers la droite, si l'objet de nature à l'effrayer est à gauche et vice versâ. Appuyez alors sur la rêne gauche du filet, de manière à ramener la tête de votre cheval à gauche, pour lui cacher l'objet qui l'effraie, pressez de la jambe gauche, au point d'employer l'éperon, par cette opposition, le cheval se rapprochera de l'objet qui lui a causé de l'effroi. Caressez toujours l'animal a ce moment, afin de lui donner de la confiance.

Mais revenons à notre leçon.

L'arrêt doit s'obtenir aussi promptement que la pensée. Au moment où vous voulez arrêter votre cheval, soyez assis tout en faisant une retraite de corps, ramenez les rênes de bride près de votre poitrine les doigts bien fermés dans la main ; fermez en même temps les jambes. Votre cheval une fois arrêté, cessez instantanément ces effets.

Pour obtenir qu'un jeune cheval recule bien, il faut d'abord se servir des rênes du filet, écarter d'abord la rène gauche, puis la droite, aussitôt la croupe se dirigera de gauche à droite et de droite à gauche, suivant l'action du filet. C'est ce qu'on appelle *scier du filet*. Au moment où vous obtiendrez le reculer, que deux ou trois pas en arrière vous suffisent, et recommencez ainsi jusqu'à parfaite exécution du reculer. Plus tard, quand le cheval comprendra l'effet des jambes, il reculera par l'action seule de leur pression.

Dans cette leçon sont employés deux moyens dont il faut bien connaitre le but; d'abord la pression des jambes, un peu en arrière, indique au cheval qu'il doit se porter en avant, puis l'action du mors de bride le détermine à reculer.

Dans tous les cas, les principes sont les mêmes et leurs effets ont la même puissance; seulement il faut bien en faire sentir la force à l'animal et toujours chercher à obtenir, l'aisance, la grâce et la légèreté.

Ainsi, dans le cas qui nous occupe, il faudra obtenir que le cheval se porte aussi facilement et avec autant de souplesse en arrière qu'en avant.

Pour terminer cette leçon, il sera bon de mettre l'élève au t'ot autour du manége, d'abord à droite et à gauche. Pour bien obtenir cette allure, il faut employer une forte pression des jambes et rendre la main. Si l'on n'obtenait pas promptement ainsi ce que l'on demande, il faudrait user de forts coups de talons d'un effet bien plus vigoureux que la pression des jambes. Qu'on ait soin dans cette allure de donner à l'animal un léger point d'appui sur la bride et le filet, en alternant toutefois, afin de ne pas trop échauffer les barres du cheval, partie pour laquelle on doit prendre bien des ménagements.

En effet, tout cheval auquel on donne trop longtemps un point d'appui sur le mors, et qui fait un faux pas ou se trouve surpris par un objet qui l'effraie, résiste immédiatement à la contrainte du mors, emporte son cavalier lui enlevant entièrement, quelquefois pendant assez longtemps tous les moyens à employer contre l'emportement.

DEUXIÈME LEÇON.

TRAVAIL A CHEVAL. — CHANGEMENT DE MAIN SUR DEUX PISTES.

Avant de commencer la 2e leçon à cheval, exécuter à pied les 1re, 2e, 3e et 4e, et à cheval la 2e, passer alors à la 3e au pas et la terminer au trot.

Pour cette leçon, il est bon d'être muni d'éperons, mais non acérés, qui devront servir comme moyen de correction, quand les pressions de jambes deviendront d'un effet impuissant. Pour que l'éperon produise bien l'effet attendu, il faut ne l'employer que par coups secs et vigoureux, afin de ne le laisser en contact avec le flanc que le moins de temps possible. Bien des personnes disent qu'on doit donner un coup d'éperon comme un coup de lancette. La comparaison est juste si l'on entend dire que l'effet doit être aussi prompt, mais n'est guère de nature à faire comprendre comment doit se donner le coup d'éperon. Pincer ou attaquer un cheval de l'éperon, me paraît aussi des dénominations fort peu heureuses. J'entends des personnes qui vont ici m'accuser de faire la guerre aux mots; ma réponse sera nette et franche; à cette accusation, je répondrai que je ne m'en prends seulement qu'aux dénominations sans signification dont fourmillent les traités, et qui déroutent tellement l'élève qui apprend à monter à cheval, qu'il renonce complètement à un

art d'abord hygiènique, et qui en outre, offre des distractions douces et variées.

Conservez donc les jambes près de votre monture, de manière que vos éperons se trouvent en contact avec les flancs, sans toutefois lui causer des chatouillements, il vous suffira alors, devant l'impuissance de quelque effet de contrainte, d'appliquer instantanément l'éperon avec un peu de force. Ainsi, l'effet de l'éperon sera complet et certain.

Les changements de main sur deux pistes consistent à traverser le manège par une ligne en diagonale en portant des points indiqués par les lettres (C) placées aux quatre coins du manége, à 4 mètres des extrémités.

Le cavalier tracera de l'œil le chemin qu'il désire parcourir, et portera le poids du corps du côté où il voudra se diriger, évitant surtout que la croupe du cheval ne dépasse les épaules ; car alors l'animal serait gêné, au point de *se traverser*, c'est-à-dire passerait ses jambes les unes derrière les autres en les croisant, et s'abattrait inévitablement.

Pour opérer de droite à gauche, ajustez les rênes de bride dans la main gauche comme je l'ai dit plus haut, prenant les rênes du filet séparément, écartez la rène droite du filet vers la droite, portant en même temps la main gauche du même côté, la jambe droite rapprochée du flanc sans le serrer, la jambe gauche pressant graduellement le flanc gauche ; aussitôt le cheval tournera la tête à droite, la pression des deux jambes maintiendra la direction et continuera l'action nécessaire pour ce mouvement, la main gauche réglera la marche des épaules et la jambe gauche la position de la croupe. Votre cravache sera d'un grand secours pour obtenir ce mouvement sans défense, en la tenant appuyée derrière la jambe gauche pour aller à droite et derrière la droite pour aller à gauche. Le corps devra toujours être en équilibre sur le côté vers lequel vous vous dirigez.

Changement sur deux pistes.

AU PAS ET AU TROT.

Vous ferez répéter à votre cheval, son travail des jours précédents au trot, en ayant bien soin de conserver la mise en main tout en le maintenant aussi léger que possible.

Vous commencerez les changements de main sur deux pistes, au pas et au trot.

Les changements de main consistent à faire traverser à votre cheval, le manége, par une ligne droite qui sera soit à droite soit à gauche de la lettre D, lettre qui sert à indiquer le point de départ de ces changements de main faits par un à droite ou un à gauche. Pour que le cheval exécute régulièrement ces changements, le cavalier aura soin qu'il rentre d'abord bien dans le coin qui précède son point de départ: arrivé à ce point, le cavalier fera quitter le mur à son cheval en lui portant la tête du côté où il voudra le diriger et en fermant la jambe du côté opposé afin que le cheval s'éloigne du mur, les quatre pieds en même temps. Le cavalier devra toujours avoir le regard du côté de la ligne à parcourir, de manière à faire arriver son cheval au mur opposé les quatre pieds ensemble.

J'allais oublier de vous dire que la cravache devient pour commencer ce travail, d'une grande utilité, surtout au moment de mettre le cheval en mouvement, soit pour aller de gauche à droite en l'appliquant sur l'épaule gauche, soit pour aller de droite à gauche en l'appliquant sur l'épaule droite.

Bien des cavaliers, même des professeurs par oubli, ne se rendent pas bien compte de l'effet de la cravache, et par conséquent, de l'erreur que toutes les personnes qui prétendent monter à cheval, commettent journellement.

J'ai eu l'occasion de voir des cavaliers ayant la cravache à la main droite et voulant faire tourner le cheval à droite, lui appliquer un coup de cravache sur l'épaule droite, de même ils donnaient un coup de cravache sur l'épaule gauche pour aller à gauche.

Eh bien ! cavaliers, comprenez ceci :

La cravache ne doit jamais s'employer que comme opposition ; voici pourquoi : Essayez de porter la main gauche qui tient la bride à droite, et en même temps, donnez sur l'épaule droite de votre cheval, un coup de cravache, aussitôt votre cravache détruira ce que la main avait envie d'obtenir à droite.

L'effet serait le même si on se sert de l'éperon droit pour aller à droite ou de l'éperon gauche pour aller à gauche.

On obtient encore deux effets contraires qui, souvent entraînent le cheval à se défendre ; et vous, continuant la correction mal appliquée, vous faites d'un bon cheval, un cheval rétif; ainsi, pour que le changement de main soit bien fait et juste. il faut que votre cheval continue de lui-même le mou-

vement. Une fois votre impulsion donnée, **replacez la cravache** derrière votre jambe en opposition au côté où vous vous
dirigez, de même, par votre poids, vous règlerez l'ampleur
des enjambées de votre cheval qui devront être égales. Je
suppose votre cheval marchant d'un pas trop allongé à droite,
votre poids plus à gauche viendrait instantanément en opposition, de même que s'il marchait d'un pas trop court, vous
vous porteriez résolument sur votre étrier droit, votre cheval alors serait forcé d'augmenter sa marche. De gauche à
droite, mêmes principes prenant les moyens inverses. Cette
figure terminée au pas, vous mettrez votre cheval au trot,
en cherchant de lui, la mise en main et la légèreté en même
temps que la régularité du trot, c'est-à-dire une vitesse ; cette
vitesse une fois donnée, évitez de la ralentir ou de l'augmenter.

On ne saurait trop être en garde ; d'abord, contre le ramené
du cheval, ensuite, quand vous voulez le rendre léger, vous
commettez une première faute. Si pour ralentir la vitesse,
votre main met trop de force pour l'arrêter, alors, vous
rappelant que l'allure était égale, vous le relancerez avec vos
jambes, ou bien encore vous faites une nouvelle faute de la
main suivie d'une autre faute des jambes ; heureux si votre
cheval ne s'est pas encore révolté contre votre brutalité à
laquelle il devrait avoir déjà cherché à se soustraire, seulement il fuit toujours. Eh bien rendez-lui toute action des
rênes, au lieu de lui faire ressentir un point d'appui qui l'encapuchonne ; car une fois encapuchonné, il lui est facile de
vous gagner à la main et de doubler sa vitesse, et vous voilà
pris au piége. Je dis piége, parce que chaque fois que l'on
donne aux chevaux un point d'appui quelconque, on leur
fournit tous les moyens de liberté.

C'est pourquoi je vais vous démontrer comment on arrête
dans ce cas-là, un jeune cheval.

Ayez soin d'employer vos effets de main avec légèreté et
en alternant surtout du filet qui fait ouvrir la bouche ; en-

suite, du mors de bride qui a le double de puissance. Après quelques-uns de ces effets, votre cheval deviendra léger parce que la mâchoire aura cédé à l'action du mors, et, du galop que l'on pourrait appeler de l'emportement, vous verrez votre cheval se mettre lui-même dans la main et prendre aussitôt le pas.

QUATRIÈME LEÇON A CHEVAL.

CERCLES A DROITE, CERCLES A GAUCHE.

Commencer cette leçon au pas, la terminer au trot.

Dans cette leçon, le cavalier va mener son cheval par renversement, c'est-à-dire lui apprendre à obéir aux effets des rênes de bride et à les connaître. Ainsi, pour faire exécuter à un cheval, le cercle à droite, le cavalier prendra ses rênes de bride dans la main gauche, le petit doigt entre les deux rênes; puis, comme je l'indique plus haut, portera la main gauche à droite. Les rênes gauches de bride portant sur l'encolure, déterminent le cheval de fuir à droite.

Pour éviter cette contrainte, de même à droite à gauche, les rênes sur le cou le porteront à gauche.

Ceci est très-bien pour un cheval dressé, cela est mauvais pour les premières leçons, attendu qu'avec ces moyens, aucun cheval ne tournera à droite ni à gauche, sans chercher à se soustraire à ces effets, soit en s'arrêtant tout court, soit en se mettant à reculer, ou bien encore à pointer, et quelquefois même à se renverser, si la main du cavalier est trop dure; alors, le cavalier qui, par sa faute, a rendu son cheval difficile et méchant, se met à le battre au lieu de lui faire comprendre ce qu'il voulait de lui.

Soyez justes lecteurs ! Qui croyez-vous, mériterait le châtiment ? Ni l'un ni l'autre, selon moi, parce que l'homme est un ignorant et le cheval ne peut comprendre ce que ce dernier lui demande à tort.

Employez les moyens que voici, ils ne sont pas de moi il est vrai, mais les ayant vu appliquer il y a vingt-cinq ans, et depuis, les ayant toujours mis en pratique, j'ai obtenu promptement du jeune cheval et surtout sans qu'il se défende, les à droite et les à gauche ainsi que toutes les figures de manége, les rênes de bride dans une seule main.

Procédez comme je vais l'indiquer, les rênes de bride croisées sur l'encolure, ajustez-les ensuite dans votre main gauche, le petit doigt entre les deux rênes, portez alors la main gauche à droite, de suite, votre jeune cheval tournera à droite par la tension de la rêne gauche sur l'encolure à gauche qui n'est que la traction de la branche droite du mors de bride.

Ne pas craindre d'élever la main haute en avant du côté où vous voulez diriger votre cheval.

De droite à gauche, autre principe, changez vos rênes de la main gauche dans la main droite à pleine main, les ongles en-dessous, l'index entre les deux rênes, portez la main droite en avant et à gauche, aussitôt vous obtiendrez un à gauche.

N'oubliez pas de vous servir des effets de jambes, en opposition au côté où vous voudrez diriger votre cheval.

On a trouvé ce moyen mauvais. Essayez-le ! je suis certain que vous le trouverez utile, et vous donnant un prompt ré sultat au point de devenir indispensable, vous verrez qu'à la troisième ou quatrième leçon, le poulain sortant de la prairie et n'ayant jamais été bridé, tournera à droite, à gauche, et même en cercle dans les deux sens

CINQUIÉME LEÇON A CHEVAL.

AU PAS ET AU TROT.

Tête au mur et croupe au mur.

Pour exécuter cette figure, vous aurez soin de répéter les leçons précédentes, puis vous commencerez la tête au mur par un effet de contrainte da la main gauche qui donnera la direction de gauche à droite ; cette direction sera maintenue par l'aide de votre jambe gauche. Commencez cette figure de gauche à droite, puis ensuite, de droite à gauche, et toujours sur les grands côtés du manége ; surtout après avoir dépassé les coins, votre cheval devra regarder du côté où il se dirige, pour redresser la croupe sur la piste et il y sera amené par votre jambe opposée.

Pour la croupe au mur, opérez de la même manière.

Mais pour redresser votre cheval, ce ne sera plus la croupe qui devra être ramenée sur la piste, mais bien les épaules, en empêchant que la croupe ne change de position, attendu qu'elle doit toujours dans ce cas, conserver celle qu'elle avait.

Je recommande au cavalier de se contenter au début, de quelques pas seulement ; aussitôt qu'ils seront obtenus, il faudra rendre la main et caresser.

SIXIÈME LEÇON A CHEVAL.

DOUBLER A DROITE, DOUBLER A GAUCHE.

Les *doublers* règlent le cheval dans sa marche ainsi que dans la main. Cette figure consiste à traverser le manége par un à droite ou bien un à gauche, sans changer de main.

Pour qu'un *doubler* soit bien fait, il faut que la ligne que vous suivez pour traverser le manége soit perpendiculaire afin que les coins ne soient pas trop arrondis, et pour cela vous prendrez une allure bien réglée, car si en accélérant le mouvement, votre cheval venait à vous dominer, vous feriez dix pas en arrière pour un en avant.

Il en serait de même du trot ainsi que de l'arrêt. Vous vous rappellerez que les effets de jambes devront toujours et en tout temps, précéder les effets de main.

Nous renviendrons plus tard sur l'explication de cette observation.

SEPTIÈME LEÇON A CHEVAL.

AU PAS ET TERMINER AU TROT.

Demi-voltes renversées et demi-voltes ordinaires.

Les voltes tiennent entièrement des pirouettes. Lorsque les pirouettes auront été exécutées avec aisances, les voltes seront faites sans difficultés. Dans la volte renversée, les pieds antérieurs de votre cheval devront parcourir un petit arc de cercle, et les jambes postérieures un grand arc de cercle.

En un mot et pour dire mieux, je vous dirai que les voltes ne sont autre chose que des cercles exécutés sur deux pistes, la tête ou la croupe tournée dans le centre, selon que la volte est renversée ou ordinaire.

Mes recommandations sont la répétition de celles que j'ai faites pour les changements de main sur deux pistes. Les effets de contrainte seront toujours précédés de ceux des jambes.

HUITIÈME LEÇON A CHEVAL.

AU TROT.

Contre-changements de main.

Cette leçon est une des plus importantes, et pour l'exécuter régulièrement, elle est fort difficile, c'est pourquoi je vais vous l'expliquer afin de ne pas vous laisser faire de fautes.

D'abord, commencez vos contre-changements de main sur deux pistes, de gauche à droite, après avoir passé le coin par un changement de main diagonal et deux pas seulement, là, un effet de jambe droite suivi d'un effet de la main pour retourner à gauche sur deux pistes au mur que vous avez quitté, par une autre ligne diagonale de manière à décrire un angle qui aura pour sommet le milieu du manége.

Quand vous voudrez prolonger cette figure, n'oubliez pas que votre cheval doit avoir une position telle, qu'il soit continuellement en parallélisme avec les deux grands murs du manége.

NEUVIÉME LEÇON.

AU GALOP.

Le galop est la plus précieuse allure du cheval, c'est au galop qu'il développe sa puissance et sa grâce ; mais des mains inhabiles ne pourraient pas se servir de son adresse, c'est pourquoi je veux vous donner dans cette leçon, les moyens de jouir de la valeur et de la puissance du cheval, sans l'entraîner à des défenses quelquefois irréparables.

Le cheval a deux genres de galop ; l'un faux, l'autre juste ; ainsi, pour que le galop soit juste, le cheval doit entamer son galop sur le terrain, par le moyen des deux jambes latérales, les deux autres également en action, servent de point d'appui à la masse en mouvement. Ces points d'appui sont tantôt les jambes latérales gauches, le cheval galopant sur le pied droit comme ils deviennent les jambes latérales droites, lorsque le cheval galope sur le pied gauche.

Il en sera de même pour les à droite ainsi que pour les à gauche ; si vous voulez tourner à droite, vous maintiendrez votre cheval sur le pied droit, de même que pour tourner à gauche, vous le maintiendrez sur le pied gauche.

Si votre cheval venait à se désunir, c'est-à-dire, galopant à droite du pied de devant et de la jambe gauche de derrière, le cheval serait désuni. Dans l'ordre inverse, la faute serait la même, attendu que le cheval peut être désuni du devant comme du derrière.

Exemple :

Si vous entamez le galop du pied droit de devant et qu'il soit suivi du pied gauche de derrière, votre cheval est faux du derrière, ou pour mieux dire, désuni ; de même s'il entamait son galop du pied gauche de devant suivi du pied droit de derrière, il serait désuni du devant.

Connaissant maintenant lorsqu'un cheval galope juste ou faux, procédez comme il suit :

Mettez votre cheval au trot à droite, après un ou deux tours de manége et au moment d'arriver au tournant d'un des grands côtés, portez le poids de votre corps sur votre étrier gauche, votre main gauche tenant la bride, marquera à cet instant un demi arrêt suivi d'un effet de talon gauche ou d'éperon, selon la sensibilité de votre cheval, aussitôt il entamera le galop demandé. Puis en maintenant cette allure deux ou trois tours seulement, vous aurez soin de ramener la tête de votre cheval en-dedans du manége, c'est-à-dire, regardant du côté où il marche.

Cet effet de ramener sera fait par la rêne droite du filet qui devra se trouver dans la main droite.

Si le cheval venait à partir à faux ou désuni, arrêtez-le sans colère, remettez-le au contraire en confiance, puis tentez un nouveau départ que je suppose juste; alors, cherchez à avoir votre cheval léger dans la main, je sais que la chose est difficile pour la première fois. Soyez patient, et par quelques effets réitérés de mains, votre cheval reviendra aussi léger qu'il était au pas et au trot.

Le galop sur le pied gauche s'exécutera de la même manière, par les mêmes principes et par les moyens inverses.

Pour mettre votre cheval du galop au pas, n'oubliez pas de faire précéder vos effets de mains par vos effets de jambes, et en même temps, faites une retraite de corps afin de dégager par votre poids les épaules de votre cheval.

Pour exécuter les leçons précédentes à cette allure, les principes à suivre sont les mêmes, sauf le changement de main diagonal sur deux pistes, ainsi que les doublers qui devront avant de changer de main, être marqués d'un arrêt au pas au début de cette allure afin que le cheval soit maintenu par vous, si vous ne voulez pas que son arrière-main ne concoure qu'imparfaitement à l'action, ce qui entraînerait une chute imminente.

Le cavalier aura soin, dans cette allure, de conserver aux jambes la même position qu'elles avaient dans les allures précédentes, c'est-à-dire, sans les laisser battre les flancs du cheval, ni les laisser s'y coller.

Les bras et les mains devront éviter les réactions du cheval, car si l'on manquait de souplesse, cela donnerait des secousses dans la bouche et vos battements de jambes entraineraient

le cheval à ne galoper qu'imparfaitement et avec irritation.
Cette leçon deviendrait alors une désorganisation tant pour le
cavalier que pour le cheval.

DIXIÈME LEÇON.

AU GALOP.

Si la leçon précédente a été bien exécutée, il vous sera
facile d'obtenir pour cette figure, le même résultat.

Commencez le galop à main droite, afin de vous assurer
que votre cheval est parfaitement léger, puis faites-lui changer
de main sur deux pistes, ce changement devra être fait dans
de bonnes conditions et en conservant surtout à votre cheval
son parallélisme avec les murs du manége pour arriver les
quatre jambes ensemble près du mur. Vous saisirez ce
moment pour commencer un demi arrêt de la main suivi
en même temps d'un effet de la jambe droite. En abandon-
nant la pression de la jambe gauche, votre cheval changera
de pied instantanément; alors, vous lui placerez la tête en-
dedans; ces changements de pieds sont appelés changements
de pied du tact au tact.

Ces changements de pied s'exécuteront en fermant les
changements de main.

Pour que ces changements de pieds soient réguliers et
faits nettement, et non pas enlevés au hasard, il faudra que
votre effet de contrainte soit effectué, au moment même où
votre cheval posera le pied de devant pour entamer le galop,
sa tête et vos jambes suivront avec promptitude et en
même temps les changements de pied.

ONZIÈME LEÇON.

AU GALOP.

J'ai déjà dit que toutes les leçons précédentes pouvaient être exécutées au galop, il en sera de même des changements de pied du tac au tac sur les lignes droites et sur les cercles.

N'oubliez pas que toutes les figures doivent commencer à main droite, et que pour changer de pied, il faut se contenter de 8 foulées à droite pour passer sur le pied gauche, de même qu'il ne faut que 8 foulées à gauche pour revenir sur le pied droit. Après cela, passez au pas, caressez votre cheval, puis changez de main pour lui faire répéter à gauche; une fois que votre cheval changera de pied avec précision en conservant bien la piste du manége, vous le mettrez en cercle et vous lui ferez faire le même travail, en ayant soin de punir les changements de pied qui s'effectueraient sans votre demande.

La punition la plus franche sera l'application de vigoureux coups d'éperons, puis vous arrêterez votre cheval afin de le remettre en confiance par des caresses; ensuite, vous le remettrez au pas, quelques tours de manége pour pouvoir après, recommencer avec justesse.

Si votre cheval venait de nouveau à s'embrouiller au point de ne plus vous comprendre, évitez la colère, et calmez-le en lui parlant et en le caressant; alors, contentez-vous ce jour-là de terminer cette figure, par quelques tours de manége au galop, à droite et à gauche, sans demander des changements de pied.

Le lendemain, votre élève sera bien plus obéissant, le travail de la veille deviendra pour lui un plaisir au lieu de lui être pénible, et vous le verrez alors dépenser l'excès de son énergie.

DOUZIÈME LEÇON A CHEVAL.

AU GALOP.

A cette leçon, votre cheval est en état d'aller dehors et il vous sera facile de le diriger afin de le familiariser avec tout ce qui pourrait l'effrayer, même de sa propre vitesse, au trot et au galop, chose qui arrive souvent quand on sort un cheval pour la première fois ; aussi, devrez-vous exiger dans ses grandes allures, qu'il soit toujours léger dans la main, et s'il venait à y peser, de suite vos jambes et vos éperons lui rappelleraient qu'il ne fait que vous prêter ses forces, mais que c'est vous qui disposez du reste, d'une manière juste.

CONCLUSION.

Vous pourrez faire servir à tous les genres d'équitation possibles, tant au dehors qu'au-dedans, les chevaux que vous aurez dressés par la méthode que je viens de vous indiquer. Puis vous commencerez à leur apprendre à passer les obstacles, tels que fossés, haies de clôture et barrières.

Cet exercice leur est d'autant plus salutaire, que rien ne développe mieux les forces du jeune cheval et ne le rend complet comme ce travail.

Il en est de même pour le cavalier, le manége n'est pour lui qu'une préparation, car le but utile est le travail du dehors.

Aussi, le cavalier n'est-il complet que lorsqu'il est bien familiarisé avec ces deux genres d'exercices et qu'ils lui sont parfaitement connus.

J'ai eu souvent l'occasion de faire cette remarque, et aucun praticien ne contestera ce que j'avance.

Un homme de manége qui n'est jamais allé au dehors est aussi cmbarrassé qu'un cavalier de course est inhabile au manége, et en voici le motif :

A l'un, l'espace manque, et l'autre en ayant trop, s'en effraie.

MOYENS QU'EMPLOIE LE CHEVAL POUR SE DÉFENDRE. MOYENS DU CAVALIER POUR VAINCRE SES DÉFENSES.

1°

Chevaux difficiles au montoir.

Les chevaux difficiles au montoir sont généralement ceux qui ont peur de l'approche de l'homme, par lequel souvent ils ont été trop châtiés. D'autres sont impatients ; le cavalier dans ce cas devient cause du prolongement de l'impatience s'il se met trop précipitamment en selle. Au lieu de donner à son cheval, de la confiance, par des caresses prolongées sur la tête et sur l'encolure pour éviter qu'il ne reste craintif au point de redouter d'être monté.

Pour éviter qu'on ne les monte, ces chevaux emploient coups de pieds, ruades, pointes, le reculer, quelquefois même ils vont jusqu'à mordre. De là, très-souvent, l'erreur qui fait dire des chevaux, ils sont inmontables, quand on n'a pas dit indomptables.

Par les moyens que je vais vous indiquer, il n'en restera plus qui vous résisteront.

Menez votre cheval au manége, les rênes sur le cou et mettez la tête au mur, de manière que le côté montoir soit libre pour pouvoir vous en approcher ; là, caressez votre cheval, puis vous prendrez de la main gauche les quatre rênes à pleine main, les ongles en-dessous à 20 centimètres de sa bouche. Votre cravache dans la main droite donnera sur les couronnes des petits coups répétés, ce qui fera lever les pieds à votre cheval; aussitôt, votre main gauche se baissera afin de provoquer le reculer. Après quelques pas de reculer, arrêtez votre cheval par de nouvelles caresses, ensuite, vous prendrez avec votre main gauche les deux rênes de gauche entre lesquelles vous mettrez les deux derniers doigts de cette même main Votre main droite prendra sur le cou les deux rênes de droite très-courtes qu'il passera dans la main gauche ainsi que la cravache, afin de maintenir la tête du cheval pliée à droite ; la main droite immédiatement prendra une poignée de crins le plus haut possible pour la faire passer dans la main gauche. Cette même main droite alors prendra l'étrier qu'elle agitera afin de rassurer par ses battements, le cheval, et qu'il vous permette d'engager la pointe de votre pied gauche en vous portant sur le pied droit, la main droite viendra saisir le troussequin pour vous aider à vous enlever, de manière que le pied droit vienne à côté du pied gauche qui vous servira de point d'appui: votre main droite caressera le cheval sur l'encolure, en même temps vous lui parlerez avec douceur. Votre cheval conservant l'immobilité, mettez pied à terre, et répétez plusieurs fois cet exercice. Quand il aura acquis la confiance, mettez-vous en selle mœlleusement, renouvelez vos caresses, puis mettez pied à terre plusieurs fois de suite sans quitter le pied gauche de l'étrier ; alors, restez en selle, ajustez vos rênes sans demander à votre cheval de partir ; après plusieurs de ces leçons, votre cheval restera complètement sage, tant pour le monter que pour en descendre, à moins que ce ne soit un cheval qui morde ou bien qui frappe du devant. Je vais vous enseigner d'autres moyens qui ne m'ont jamais fait défaut.

Faites conduire votre cheval au manége, muni d'un caveçon. Une fois le cheval équipé, vous prendrez votre longe et vos quatre rênes dans la main gauche, à leur extrémité, la longe sera de la même longueur, puis vous les doublerez dans la même main afin de l'approcher de la bouche de votre cheval à 20 centimètres, ayant à votre main droite une cravache longue et solide qui va être pour vous, d'une grande puissance.

Menez votre cheval contre un des murs du manége, de manière que vous soyez toujours en-dedans, puis vous l'attaquerez sur les couronnes des pieds de devant avec votre cravache, et cela avec énergie et vigueur ; par suite de ces attaques, votre cheval pour s'y soustraire, bondira en avant sur vous, votre main gauche le tiendra en respect ; alors, ne pouvant avancer, il tombera sur les deux genoux, entraîné par l'effet de votre main gauche qui le forcera à suivre le mouvement, vous maintiendrez sa tête à terre pendant au moins quatre à six secondes. Après cela, ne mettez plus d'opposition à ce qu'il se relève, caressez-le, puis vous le ferez recommencer jusqu'à ce qu'il tombe à genoux, rien qu'à cette menace de la cravache.

Si ces moyens ont été employés avec vigueur et énergie, je défie le cheval le plus terrible de vous empêcher de vous mettre en selle, et vous le ferez aussi lentement que vous le désirerez.

2º

FIXITÉ SUR LE SOL.

Quelques chevaux ne veulent pas se porter en avant, ni même changer un pied de place.

Je n'ai jamais regardé ces chevaux comme vicieux.

Faites-leur donner des soins hygiéniques, car leur défaut de constitution et souvent l'état de leur santé, sont seuls cause des défenses.

Après ces soins, s'ils venaient encore à refuser de quitter le sol, soyez muni d'une cravache, séparez vos rênes dans vos deux mains, mettez de bons éperons, ayez en même temps derrière vous, un homme armé d'une bonne chambrière qui vous sera d'un grand secours. Une fois bien en mesure, provoquez énergiquement tous les deux ensemble, le départ de votre cheval.

Deux ou trois leçons, données de cette manière, m'ont toujours réussi.

3º.

CHEVAUX QUI SERRENT LE CAVALIER AU MUR.

Beaucoup de chevaux, pour se soustraire aux mauvais traitements de leur cavalier, se collent au mur pour froisser les jambes de celui qui les monte, jusqu'à ce que sa position ne soit plus tenable, alors il met pied à terre pour être plus à portée de frapper son cheval. Là, commence la faute, il faut d'abord se faire comprendre au lieu de frapper. Donnez à votre cheval, par des caresses, la confiance qu'il a perdu, soit par la brutalité qui a été employée à son égard, soit par les effets de contrainte mal appliqués, et vous verrez alors disparaître cette défense.

Si après vous être bien fait comprendre, votre cheval cherchait de nouveau à vous coller au mur, ramenez-lui avec la rêne droite du filet, la tête dans le mur s'il est collé à droite, ou la rêne gauche s'il est collé à gauche, forcez-le, par ces moyens, à donner de la tête dans le mur, bientôt vous le verrez éviter les murs et les craindre.

MOYENS QU'EMPLOIE LE CHEVAL POUR SE DÉFENDRE.

4°

LE RECULER PAR DÉFENSE.

Les chevaux, pour se soustraire à l'action de leurs cavaliers, reculent souvent ; il en est aussi qui ont peur de leur ombre, d'autres ne veulent pas passer près d'un objet qui les effraie ou un obstacle qu'ils redoutent.

Le premier moyen à employer, c'est de les arrêter et de les caresser, puis de leur faire bien voir ce qui leur fait peur.

Quand ils ne veulent pas passer près d'un objet qui les effraie, appuyez-leur la tête de l'autre côté. Donc, si l'objet est à leur droite, portez-leur la tête à gauche, fermez la jambe gauche, et votre cheval par cette aide s'approchera de l'objet en question sans le voir ; si l'objet est à gauche, vous vous servirez des moyens inverses.

Sur un obstacle qu'il redoute, cherchez par vos jambes et vos mains, la légèreté de la tête ; cette légèreté une fois acquise, portez-le vigoureusement en avant avec une cravache dans chaque main et par vos éperons, puis un homme sera derrière vous avec une chambrière.

Deux ou trois leçons, lorsque j'ai employé ces moyens, m'ont toujours donné d'excellents résultats.

5°

BATTRE A LA MAIN OU ENCENSER.

Le défaut de battre à la main ou d'encenser est causé par plusieurs motifs :

Trop de fer dans la bouche du cheval, un mors plus dur qu'il ne le faudrait, la main trop dure du cavalier, le manque de fixité de sa main et de ses jambes, ou encore, la mollesse du corps venant se mettre en opposition avec les réactions du cheval.

Il faudra donc, pour corriger ce défaut, voir les instructions données précédemment, n° 1. Conserver la fixité de la main et des jambes.

Le cheval a deux manières de s'y prendre pour encenser, soit qu'il marque un temps d'arrêt, soit qu'il fuie en avant.

Lorsqu'il marquera un temps d'arrêt, vous lui donnerez deux vigoureux coups d'éperons, quand il voudra fuir en avant, vous lui tiendrez de la main droite avec les rênes du filet la tête très-élevée, vous ferez à ces rênes un nœud pour qu'elles ne glissent pas dans votre main. Vous conserverez aussi la fixité de la main gauche qui tiendra la bride.

En employant ces moyens, vous verrez votre cheval se

heurter les barres sur le mors, cinq ou six heurts de la sorte lui feront bien vite perdre ce défaut.

6°

ENTIER A UNE MAIN ET TÊTE A QUEUE.

Les chevaux entiers à une main sont ceux qui refusent de tourner soit à droite soit à gauche, et cela par des têtes à queue.

Il y a à ma connaissance, deux motifs qui occasionnent ses défenses.

Premièrement : Je suppose qu'un cheval refuse de tourner à droite, il est appelé entier à main droite, il en est de même à main gauche.

Le premier motif est la peur qui entraine la pointe ou la ruade. Soyez patient et attendez quelques secondes sans brusquerie afin de donner au cheval la confiance, puis amenez-le tout doucement sur l'objet qui a pu l'effrayer, pressez le dans vos jambes graduellement et en Laissant les mains qui tiendront les rênes du filet séparées, votre cheval ne pourra se tourner. Si par hasard, il venait à être maitre de vous, mêmes moyens qu'à la leçon du reculer (1).

Deuxieme cause : Voir si votre cheval est bien embouché, si les barres ne sont pas échauffées ou offensées, alors je suppose qu'il ne veuille pas tourner à gauche et qu'il revienne toujours à droite pour un tête à queue.

Votre cravache étant dans la main droite, laissez-là glisser jusqu'à la pomme qui ne sortira de la main que de 2 centimètres du côté du pouce ; au moment du tête à queue, donnez un coup de tampon sans ouvrir la main, bien appli-

(1) Moyens de contrainte — Manière d'emboucher les chevaux.

qué sur l'oreille droite avec la pomme de la cravache, ou sur l'oreille gauche, selon le côté où il fait la défense. Après quelques leçons votre cheval se portera en avant.

Des personnes qui croyaient connaître les chevaux m'ont dit souvent qu'un cheval ne refuse de tourner que parce qu'il a besoin d'être assoupli.

Que faut-il assouplir ? si ce ne sont ceux qui professent cette erreur.

Et en voici la preuve :

Mettez le cheval qui refuse de tourner, en liberté, vous verrez alors s'il ne tourne pas aussi bien à droite qu'à gauche.

7°

LA RUADE.

La ruade vient souvent de ce que le cheval est **cha-touilleux** ; d'autre fois, parce que l'on a abusé de l'éperon et qu'on l'a mal employé. Evitez alors de vous en servir pendant quelques jours, puis passez dans la bouche de votre cheval, une ficelle que vous tiendrez dans la main droite afin d'élever la tête de votre cheval très-haut pour qu'il ne puisse pas prendre son point d'appui sur les jambes de devant. Bientôt, gêné d'être dans cette position, il lui deviendra impossible de ruer.

Si votre cheval reculait en ruant, ne craignez pas, ayant toutes vos rênes dans la main gauche, d'employer vigoureusement les éperons, et d'appliquer en même temps, plusieurs coups de cravache sur l'encolure, vous verrez alors qu'il se portera bientôt en avant.

Ces défenses sont quelquefois longues à faire passer ; aussi, demandent-elles un bon cavalier pour que le succès puisse être promptement obtenu.

8^e

LA RUADE A LA BOTTE.

Cette défense est toujours causée par l'éperon que le cavalier emploie à tout propos, sans précision et dont le cheval essaie de se débarrasser avec l'un des pieds de derrière.

Pour le corriger, il faut lui maintenir d'abord la tête haute, puis commencer vos attaques avec les jambes, ensuite viendront quelques coups d'éperons bien secs, vous tiendrez vos éperons fixés une seconde aux flancs de l'animal. Après quelques effets de ces moyens, votre cheval ne ruera plus à la botte.

9°

L'ÉCART.

L'écart provient de la peur du cheval qui se jette à toute allure, soit à droite, soit à gauche, pour éviter l'objet qui a pu l'effrayer ; de la fluxion périodique qui est pour moi une des principales causes qui rendent les chevaux peureux, de là, viennent la majorité des défenses.

Dans le premier cas, il faut le maintenir par des contraintes douces, l'amener sur l'objet qui l'a effrayé, par les moyens que j'ai indiqués (à la leçon du reculer), sans employer trop tôt la correction.

La douceur, pour moi, est le meilleur moyen que l'on doit employer d'abord avec les chevaux. Beaucoup de praticiens seront de mon avis. On n'aguerrit pas plus le cheval que les autres bêtes par le châtiment.

10°

MORDRE A LA BOTTE.

Les chevaux qui mordent à la botte cherchent à arracher votre jambe, inquiétés qu'ils sont par l'éperon.

Pour corriger ce défaut, il faut avoir toutes vos rênes dans la main gauche, votre cravache dans la main droite, vos pieds dégagés des étriers pour en ôter à volonté l'une ou l'autre de vos jambes. Raccourcissez alors vos rênes gauches afin de maintenir la tête de votre cheval plus à gauche qu'à droite, donnez en ce moment un fort coup d'éperon à droite. A l'instant où la tête de votre cheval viendra de ce côté pour y mordre la botte, appliquez-lui un fort coup de cravache sur le bout du nez.

Quelques-unes de ces provocations suivies du châtiment, le corrigeront de cette défense : à gauche, employez les moyens inverses.

11°

LA POINTE.

Cette défense est bien moins dangereuse que la cabrade, quoique il y ait beaucoup d'analogie entre ces deux défauts. Seulement, ils diffèrent l'un de l'autre, en ce que le cheval qui pointe se porte vigoureusement en avant, tandis que celui qui se cabre reste fixé au sol.

Pour faire passer aux chevaux cette défense, travaillez au manége et à la main votre cheval en lui faisant faire le travail des hanches, tant la tête au mur que la croupe, puis un peu de reculer. Après quelques leçons, votre cheval cessera complètement de pointer.

12°

LA CABRADE.

Le cavalier qui monte un cabreur a toujours sa vie menacée, car cette défense est précédée d'un temps d'arrêt du cheval qui lui permet d'engager les pieds de derrière sous son centre de gravité, il peut alors facilement s'élever sur cette base, et conserver la faculté de disposer de toutes ses forces.

Pour vaincre cette défense, le cavalier doit être hardi et vigoureux. Une fois aux prises avec un tel cheval, selon ce que la pratique me le démontre encore chaque jour, il n'y a qu'au manége qu'on peut rapidement faire perdre ce défaut.

Une fois en selle, ajustez bien vos rênes dans la main gauche, la rêne droite du filet séparée des autres, tenue dans la main droite, ainsi que la cravache la pointe en avant.

Un homme muni d'une chambrière se tiendra derrière vous au moment où vous porterez votre cheval en avant par deux forts coups d'éperons, il lui appliquera plusieurs coups de chambrière, de manière à lui ôter tout moyen d'arrêt, pendant quelques tours de manége. Il ne faudra pas que vos rênes cherchent à lui donner une direction quelconque.

Après plusieurs de ces leçons, je défie qu'il recommence,
J'ai souvent des chevaux cabreurs à dresser. Ces moyens
n'ont jamais manqué leur effet.

Règle générale dans cette défense :

Il ne faut pas que votre poids vous fasse prendre un point
d'appui sur les rênes.

Pour ne pas entraîner votre cheval à se renverser sur vous,
pour éviter de glisser sur sa croupe, prenez à pleine main
gauche sans vous désaisir de vos rênes, une poignée de
crins le plus haut possible.

Pour contenir votre équilibre, levez-vous un peu sur vos
étriers, le corps incliné en avant, vos cuisses fermées jusqu'aux genoux, la fermeté dans les arçons vous est assurée,
même dans le cas d'une surprise de votre cheval.

13°

LES BONDS.

Les chevaux qui bondissent, le font parce qu'ils craignent
la compression des sangles. Tous les jeunes chevaux, pour
cette raison, partent généralement en s'enlevant du sol, les
quatre jambes à la fois, jusqu'à ce qu'ils se soient défaits de
leur cavalier, ou qu'ils aient rencontré une main habile pour
leur placer vivement la tête haute, chose qui paralysera instantanément le bond.

Si le cavalier n'a pas la précaution de faire ce que je viens
de lui recommander, il sera bientôt désarçonné.

Voici le moyen de remédier à ces bonds :

Evitez d'abord de sangler trop votre cheval, faites-le sortir
et tourner quelques temps en main avant de le monter, puis
mettez-vous en selle : peu après, ressanglez l'animal, sans en
descendre.

Si malgré ces précautions, il continuait à bondir, passez-lui dans la bouche une ficelle qui vous permettra avec la main droite, de lui élever la tête aussi haut que vous pourrez le désirer. N'oubliez pas qu'il doit toujours être peu sanglé. Ce moyen est le seul pour empêcher les chevaux de bondir.

Je vous entends déjà dire : Cet écuyer ne connait que la ficelle ! Oui, c'est vrai, mais par cette ficelle, je me charge d'empêcher n'importe quel cheval de bondir lorsque je le monterai.

14°

LE SAUT DE MOUTON.

Le saut de mouton, selon moi, ne peut être appelé une défense, car le cheval qui exécute ces sauts ne les fait que par gaieté. Il se produit alors chez le cavalier, un désordre; pour l'éviter, empêchez le cheval de baisser la tête en sciant du filet.

Si en employant ces moyens, vous ne parvenez pas à le réduire, servez-vous donc encore de cette bonne et chère ficelle qui guérit bien des maux et qui est aussi utile au jeune cheval qu'au cavalier qui sera appelé à le monter.

15°

CHEVAUX QUI S'EMPORTENT.

Le défaut de s'emporter est pour moi qui n'ai pas cessé depuis trente ans de monter à cheval, celui que je considère comme le plus dangereux de tous. Car le cheval atteint de ce vice, quelque bien dressé qu'il soit, force le cavalier à être toujours sur le qui vive, afin d'éviter toute surprise, et encore quoiqu'il soit sur ses gardes, il faut que l'espace soit libre devant lui. De plus, les chevaux qui s'emportent demandent un cavalier solide, hardi et vigoureux qui conserve surtout son sang-froid, d'abord pour diriger son cheval, ensuite pour oser employer les moyens qui peuvent l'arrêter.

Trois causes bien connues excitent les chevaux à s'emporter.

La première provient généralement d'un défaut de construction;

La deuxième, souvent de son naturel peureux;

La troisième, de la manière dont il a été bridé.

Après vous être assuré que la construction de votre cheval est mauvaise; ce qu'il y a de mieux à faire, c'est de le vendre; car moi-même, malgré tous les moyens que j'ai employés, je n'ai jamais pu faire ce qui s'appelle un bon cheval, d'un animal absolument mauvais.

Si le cheval est peureux, mettez-le au manége, faites-lui entendre le bruit des sonnettes et des grelots, agitez aussi des drapeaux, enfin, faites-lui connaitre à l'intérieur tout ce qui est appelé à l'effrayer au dehors, jusqu'à ce qu'il soit bien familiarisé avec les objets que vous lui ferez connaitre avec douceur et en le caressant, soit en lui donnant un peu d'avoine dans un crible, soit du sucre ou encore une carotte ou du pain.

Dans le dernier cas, il faut beaucoup de tact, le cheval s'emportant de deux manières, tantôt le nez au vent, tantôt en s'encapuchonnant.

Pour éviter qu'un cheval porte le nez au vent, vous lui mettrez un mors à longues branches avec peu de liberté de langue, les rênes du filet passées dans une martingale à anneaux.

Pour empêcher qu'il s'encapuchonne, tout le système change.

Vous aurez un mors avec beaucoup de liberté de langue et de gros canons, les branches seront très-courtes, vous ferez usage du filet avec la main droite en tenant les rênes très-hautes.

Si vous ne parveniez pas à tenir par ces moyens, la tête de votre cheval assez haute, ma ficelle va vous prouver une fois de plus son pouvoir, en empêchant un cheval de s'emporter.

J'ai la conviction certaine de n'être pas démenti par les personnes qui mettront en pratique les petits moyens que j'ai l'honneur d'indiquer.

Seulement, n'employez jamais la force ni la brutalité, la force ne peut égaler l'adresse; soyez-donc calme et énergique.

Si malgré cela, le cheval vous résistait, faites-le moi savoir, et moi-même, je vous prouverai qu'il n'est pas indomptable.

ERRATA.

Page 13, lig. 27, au lieu de ou saccadé, *ce qui*, lisez : saccadé, *qui*.

Page 14, lig. 16, au lieu de *indomptables*, lisez : *indomptables*.

Page 15, lig. 25, au lieu de la *ferrure*, lisez : *qu'on le ferre sans qu'on soit obligé de prendre*.

Page 16, lig. 22, au lieu de ne *cesse*, lisez : cesse *pas*.

— lig. 24, au lieu de *premières années qui*, lisez : *liberté qui*

Page 17, lig. 5, au lieu de *ne* se porte, lisez : se porte.

— lig. 6, au lieu de et *ne* brise, lisez : *et brise*

Page 21, lig. 21, au lieu de *c'est que le plus souvent*, lisez : *c'est qu'il a les barres échauffées.*

Page 22, lig. 3 et 4, au lieu de *tous les efforts*, lisez : tous *ses efforts*

— lig. 6, au lieu de se *commencer*, lisez : *peut commencer*

Page 20, lig. 1, mettre un point à *retenir*, lig. 2, mettre une virgule à *cheval*; lig. 24, au lieu de généralement *nez*, lisez : *le nez*.

Page 24, lig 10, au lieu d'*antérieurement*, lisez : *entièrement*.

Page 31, lig. 7, au lieu de *et* à la seconde virole, lisez : *à la seconde*.

— lig. 11, au lieu de manière *à ce que*, lisez : de *manière que*.

— lig. 13, au lieu de manière *à ce que*, lisez : de *manière que*.

— lig. 26, id. id. id. id. id.

— lig 34, au lieu de *débourlonner ses dernières*, lisez : *les lâcher*.